wǒ yě néng shu...

我也能说

I Too Can Speak Chinese

郑国雄　纪晓静　编著

Wǒ shì Měiguó rén.
(I am American.)

Nǐ shì nǎ guó rén ?
(What's your nationality?)

上海外语教育出版社
外教社 SHANGHAI FOREIGN LANGUAGE EDUCATION PRESS

前　言

　　《我也能说汉语》是一本应急教材，只要求"听说"，不要求"读写"，所以课文不出现难写难认的汉字。

　　在"听说"方面，也是初步，即只要求能听、能说最简单的短语和短句。例如商品有很多种，不可能一一记住，只说"这个"、"那个"，对方就知道你要的是什么；再如问价钱也只说"多少钱"，虽然句子不够完整，但对方也能听懂你的意思。短语、短句，易学易记，最受初学者欢迎。

　　到中国旅游或参加"奥运会"、"世博会"，如果先学一点儿最简单的汉语，到时候就可以跟中国人打招呼。另外，吃饭、问路、买东西，也能说上一两句，这样可以减少在异国的陌生感，增加亲切感，使整个旅途变得十分愉快、十分温馨。

　　课文短，句子短，生词少，这是本教材的特点。全书共二十课，生词仅121个。每天学两个小时，两个星期就可学完，真可谓快捷实效！

　　每篇课文都配有卡通图，形象生动，一看就懂。为了便于自学，生词都用国际音标注出；句子则有对应的英文翻译，并附有音像材料。

　　为了加强听和说的能力，音像材料突出语言的分解和句子的复读，并放慢语速，这样能让学习者听得清、跟得上，一步一个脚印，循序渐进。

　　本教材可供短训班使用，如有老师指导，学习效果或许会更佳。

　　本教材英文由纪晓静注释，国际音标由叶盼云注释。

　　　　　　　　　　　　　　　　　　　　编者

　　　　　　　　　　　　　　　复旦大学国际文化交流学院

Preface

I Too Can Speak Chinese is a textbook which may meet the urgent needs of beginners of Chinese. As it only requires the learner to acquire the basics of basics in listening and speaking in Chinese without any attendant requirement on reading and writing, this book does not teach Chinese characters which sometimes may be a little hard to recognize and write for beginning Western learners.

With regard to listening and speaking, this book only requires learners to understand and speak some very useful simple phrases and short sentences. For example, there are a huge variety of useful things each with its own name and one cannot learn them all at the same time, but if s/he knows how to say "this one" or "that one" in Chinese, the person addressed will know what s/he means. When s/he wants to ask about the price of something, saying only "How much?" will do for her/his purpose. As phrases and short sentences are easy to learn and memorize, this book will be very useful for beginning learners of Chinese.

When a foreigner who has learned some simple Chinese comes to China for sightseeing or to attend the Olympic Games or Expo2010, s/he may greet her/his friendly Chinese hosts with what s/he has learned and say some simple Chinese when dining at a restaurant, asking the way or doing shopping. By doing this, his stay in China will become more interesting and pleasant and the feeling of being a stranger may vanish or at least lessen.

This textbook features short texts composed of short sentences and simple words not that difficult to learn. There are in total 20 lessons with only 121 new words. If the learner spends 2 hours per day, s/he can finish learning the book within 2 weeks. Isn't this a quick and efficient course?

Every text is illustrated by vividly drawn cartoon pictures, which will help the learner to comprehend the text, and the sentences and words in each lesson are provided with English translations so that the learner may also try to teach herself/himself. This book also has an audio edition.

In order to facilitate the learning of listening and speaking, the audio materials give what emphasis is necessary to analysis of language and repetition in sentence reading, while the reading speed is slow enough to make it possible for the learner to follow bit by bit.

This textbook can also be used for a short training program in Chinese. With the help of teachers, the learner will surely achieve good results in learning.

The English translation was done by Ji Xiaojing and the international phonetic symbols were provided by Ye Panyun.

The Compilers
International Cultural Exchange School
of Fudan University, Shanghai, China

Tones

mā	–	the first tone	55
má	´	the second tone	35
mǎ	ˇ	the third tone	214
mà	`	the fourth tone	51

pitch

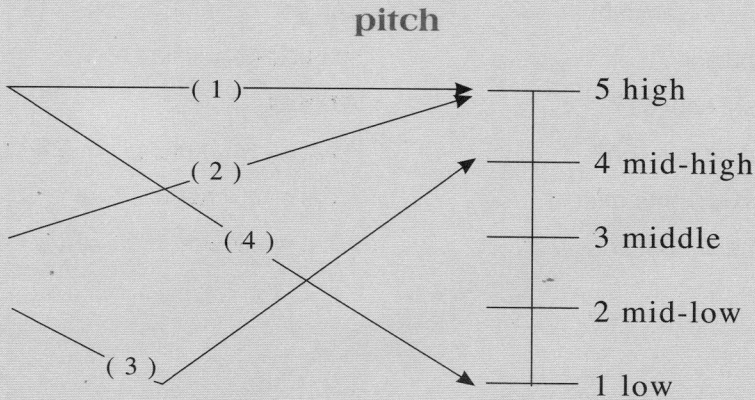

5 high
4 mid-high
3 middle
2 mid-low
1 low

(1) (2) (4) (3)

Mùlù

Table of Contents

Lesson 1
Zǎo!
(Morning!)

TEXT

A:	Zǎo!	(Morning!)
B:	Zǎo!	(Morning!)
C:	Zǎo!	(Morning!)
D:	Zǎo!	(Morning!)
A:	Wǎn'ān!	(Good night!)
B:	Wǎn'ān!	(Good night!)
C:	Wǎn'ān!	(Good night!)
D:	Wǎn'ān!	(Good night!)

New Words

1. zǎo [tsau^{214}]   Morning!
2. wǎn'ān [uɑn^{214} an^{55}]   Good night!

9

Lesson 2
Nǐ Hǎo!
(Hello!)

TEXT

A:	Nǐ hǎo!	(Hello!)
B:	Nǐ hǎo!	(Hello!)
C:	Nǐ hǎo!	(Hello!)
D:	Nǐ hǎo!	(Hello!)
A:	Zàijiàn!	(Good-bye!)
B:	Zàijiàn!	(Good-bye!)
C:	Zàijiàn!	(Good-bye!)
D:	Zàijiàn!	(Good-bye!)

New Words

1. nǐ   [ni^{214}]   you
2. hǎo   [xau^{214}]   good; fine
3. zàijiàn   [tsai^{51} tɕiɛn^{51}]   goodbye

11

Lesson 3
Nǐ Hǎo ma?
(How are you?)

TEXT

A: Nǐ hǎo ma?   (How are you?)
B: Hěn hǎo.   (Fine.)
C: Nǐ hǎo ma?   (How are you?)
D: Hěn hǎo.   (Fine.)

A: Nǐ hǎo ma?   (How are you?)
B: Hěn hǎo, nǐ ne?   (Fine, and you?)
A: Yě hěn hǎo.   (Fine, too.)

New Words

1. ma   [ma]   particle, mark of yes-or-no question
2. hěn [xən²¹⁴]   very
3. ne   [nɤ]   particle, mark of interrogative question
4. yě   [ie²¹⁴]   too; also

Lesson 4
Xièxie!
(Thank you!)

TEXT

A: Xièxie!   (Thank you!)

B: Bú xiè!   (Not at all.)

C: Xièxie nǐ!   (Thank you!)

D: Bú xiè!   (Not at all.)

A: Duìbuqǐ!   (I'm sorry.)

B: Méi guānxi.   (That's all right.)

C: Duìbuqǐ!   (I'm sorry.)

D: Méi guānxi.   (That's all right.)

New Words

1. xièxie [ςie^{51} ςie]   thanks

2. bú [pu^{35}]   no; not

3. duìbuqǐ [tuei^{51} pu tς'i^{214}]   sorry

4. méi guānxi [mei^{35} kuan^{55} ςi]   That's all right.

Lesson 5
Huì Shuō Hànyǔ ma?
(Can you speak Chinese?)

TEXT

A: Huì shuō Hànyǔ ma?   (Can you speak Chinese?)

B: Bú huì.   (No, I can't.)

A: Dǒng ma?   (Do you understand?)

B: Bù dǒng.   (No, I don't.)

A: Nǐ huì shuō Hànyǔ ma?   (Can you speak Chinese?)

B: Wǒ bú huì.   (No, I can't.)

A: Nǐ dǒng ma?   (Do you understand?)

B: Wǒ bù dǒng.   (No, I don't.)

New Words

1. huì   [xuei^{51}]   can
2. shuō   [ṣuo^{55}]   speak
3. Hànyǔ   [xan^{51} jy^{214}]   Chinese
4. dǒng   [tuŋ^{214}]   understand
5. wǒ   [uo^{214}]   I; me

A: Huì shuō Hànyǔ ma?

A: Dǒng ma?

B: Bù dǒng.

B: Bú huì.

B: Wǒ bù dǒng.

A: Nǐ huì shuō Hànyǔ ma?

A: Nǐ dǒng ma?

B: Wǒ bú huì.

Dǒng

Wǒ bù dǒng.

Bù dǒng.

Lesson 6
Huì Yìdiǎnr
(I can speak a little.)

TEXT

A: Huì shuō Yīngyǔ ma?   (Can you speak English?)

B: Huì.   (Yes, I can.)

A: Huì shuō Hànyǔ ma?   (Can you speak Chinese?)

B: Huì shuō yìdiǎnr.   (I can speak a little.)

A: Zhège zěnme shuō?   (How to say this?)

B: Bú huì.   (I don't know.)

A: Nàge zěnme shuō?   (How to say that?)

B: Bú huì.   (I don't know.)

New Words

1. Yīngyǔ   [iŋ^{35} jy^{214}]   English
2. yìdiǎnr   [i^{51} tian^{214} ɚ]   a little
3. zhège   [tʂɤ^{51} kɤ]   this; this one
4. zěnme   [tsən^{214} mɤ]   how
5. nàge   [na^{51} kɤ]   that; that one

Lesson 7

Zhè Shì Shuí de?
(Whose is this?)

TEXT

A: Zhè shì shuí de?   (Whose is this?)

B: Zhè shì wǒ de.   (This is mine.)

A: Nà shì shuí de?   (Whose is that?)

B: Nà shì tā de.   (That's his.)

A: Zhè shì shuí de bāo?   (Whose bag is this?)

B: Zhè shì wǒ de bāo.   (This is my bag.)

A: Nà shì shuí de bāo?   (Whose bag is that?)

B: Nà shì tā de bāo.   (That is his bag.)

New Words

1. zhè   [tʂɤ⁵¹]   this

2. shì   [ʂʅ⁵¹]   is; are

3. shuí [ʂuei³⁵]   who

4. de   [tɤ]   particle

5. nà   [na⁵¹]   that

6. tā   [t'a⁵⁵]   he; him

7. bāo   [pau⁵⁵]   bag

B: Zhè shì wǒ de.

A: Zhè shì shuí de?

B: Nà shì tā đe.

A: Nà shì shuí de?

A: Zhè shì shuí de bāo?

B: Zhè shì wǒ de bāo.

B: Nà shì tā de bāo.

A: Nà shì shuí de bāo?

Lesson 8

Nǐ Shì Nǎ Guó Rén?
(What's your nationality?)

TEXT

A: Nǐ shì nǎ guó rén ?   (What's your nationality?)
B: Wǒ shì Měiguó rén.   (I am American.)
A: Tā shì nǎ guó rén?   (What's his nationality?)
B: Tā shì Yīngguó rén.   (He is English.)
A: Tā shì nǎ guó rén?   (What's his nationality?)
B: Tā shì Fǎguó rén.   (He is French.)

New Words

1. nǎ   [na^{214}]   which
2. guó [kuo^{35}]   country
3. rén [ʐən^{35}]   people
4. Měiguó [mei^{214} kuo^{35}]   America
5. Yīngguó [iŋ^{55} kuo^{35}]   Britain
6. Fǎguó [fa^{214} kuo^{35}]   France

A: Nǐ shì nǎ guó rén?
B: Wǒ shì Měiguó rén.

A: Tā shì nǎ guó rén?
B: Tā shì Yīngguó rén.

A: Tā shì nǎ guó rén?
B: Tā shì Fǎguó rén.

Àodàlìyà	Bāxī	Déguó	Éluósī	Hánguó

Jiānádà	Rìběn	Xībānyá	Xīlà	Yìdàlì

Lesson 9

Nǐ Jiào Shénme Míngzi?
(What's your name?)

TEXT

A: Nǐ jiào shénme míngzi? (What's your name?)

B: Wǒ jiào Annà. (My name is Anna.)

A: Tā jiào shénme míngzi? (What's his name?)

B: Tā jiào Mǎdīng. (His name is Martin.)

A: Tā jiào shénme míngzi? (What's her name?)

B: Tā jiào Mǎlì. (Her name is Mary.)

New Words

1. jiào   [tɕiau⁵¹]   call
2. shénme   [ʂən³⁵ mɤ]   what
3. míngzi   [miŋ³⁵ tsɿ]   name
4. tā   [t'a⁵⁵]   she; her
5. Ānnà   [an⁵⁵ na⁵¹]   Anna
6. Mǎdīng   [ma²¹⁴ tiŋ⁵⁵]   Martin
7. Mǎlì   [ma²¹⁴ li⁵¹]   Mary

Lesson 10
Yào Hē Shénme?
(What would you like to drink?)

TEXT

A: Xiānsheng, nǐ hǎo!   (Hello, sir!)

B: Nǐ hǎo!   (Hello!)

A: Yào hē shénme?   (What would you like to drink?)

B: Chá.   (Tea.)

A: Tàitai, nǐ hǎo!   (Hello, Madam!)

B: Nǐ hǎo!   (Hello!)

A: Yào hē shénme?   (What would you like to drink?)

B: Kāfēi!   (Coffee.)

New Words

1. yào   [iau^{51}]   would like to
2. hē   [xɤ^{55}]   drink
3. xiānsheng   [ɕian^{55} ʂən]   sir
4. chá   [tʂ'a^{35}]   tea
5. tàitai   [t'ai^{51} t'ai]   madam
6. kāfēi   [k'a^{55} fei^{55}]   coffee

xiānsheng

tàitai

A1: Xiānsheng, nǐ hǎo!

B1: Nǐ hǎo!

B2: Chá.

A2: Yào hē shénme?

A1: Tàitai, nǐ hǎo!

B1: Nǐ hǎo!

A2: Yào hē shénme?

B2: Kāfēi!

Lesson 11
Yào Chī Shénme?
(What would you like to eat?)

TEXT

A: Xiānsheng,　　　　　　(Sir, what would you
　　yào chī shénme?　　　like to eat?)

B: Mǐfàn!　　　　　　　　(Rice.)

A: Tàitai, yào chī shénme?　(Madam, what would
　　　　　　　　　　　　you like to eat?)

B: Miànbāo!　　　　　　　(Bread.)

A: Xiǎojiě, yào chī shénme?　(Miss, what would you
　　　　　　　　　　　　like to eat?)

B: Miàntiáor!　　　　　　(Noodle.)

New Words

1. chī [tʂʻʅ⁵⁵]　　　　　　　　eat
2. mǐfàn [mi²¹⁴ fan⁵¹]　　　　　rice
3. miànbāo [mian⁵¹ pau⁵⁵]　　bread
4. xiǎojiě [ɕiau²¹⁴ tɕie²¹⁴]　　Miss
5. miàntiáor [mian⁵¹ tʻiau³⁵ ɚ]　noodle

xiǎojiě

A: Xiānsheng, yào chī shénme?

B: Mǐfàn.

A: Tàitai, yào chī shénme?

B: Miànbāo!

A: Xiānsheng, yào chī shénme?

B: Miàntiáor!

mǐfàn

miànbāo

miàntiáor

Lesson 12
Yào Duōshao?
(How many do you want?)

TEXT

A: Xiānsheng,
   nǐ yào shénme?   (Sir, what would you like
       to drink?)

B: Píjiǔ.   (Beer.)

A: Yào duōshao?   (How many?)

B: Yì píng.   (One bottle.)

A: Xiǎojiě, nǐ yào shénme?   (Miss, what would you like to drink?)

B: Kāfēi.   (Coffee.)

A: Yào duōshao?   (How many?)

B: Yì bēi.   (One cup.)

A: Tàitai, nǐ yào shénme?   (Madam, what would you like to drink?)

B: Shuǐ.   (Water.)

A: Yào duōshao?   (How many?)

B: Yì píng.   (One bottle.)

New Words

1. duōshao [tuo^{55} ʂau]   many; much
2. píjiǔ [p'i^{35} tɕiou^{214}]   beer
3. yī [i^{55}]   one
4. píng [p'iŋ^{35}]   bottle
5. bēi [pei^{55}]   glass; cup
6. shuǐ [ʂuei^{214}]   water

píjiŭ

kāfēi

shuǐ

B1: Píjiŭ.

B2: Yì píng.

A1: Nǐ yào shénme?

A2: Yào duōshao?

C1: Kāfēi.

C2: Yì bēi.

D1: Shuǐ.

D2: Yì píng.

Lesson 13
Yào Mǎi Shénme?
(What do you want to buy?)

TEXT

A: Tàitai, yào mǎi shénme? (Madam, what do you want to buy?)

B: Shuǐ, duōshao qián? (Water, how much is it?)

A: Liǎng kuài. (Two *yuan*.)

A: Xiǎojiě, yào mǎi shénme? (Miss, what would you buy?)

B: Kělè, duōshao qián? (Cola, how much is it?)

A: Sān kuài. (Three *yuan*.)

New Words

1. mǎi [mai²¹⁴] buy
2. qián [tɕʻian³⁵] money
3. liǎng [liaŋ²¹⁴] two
4. kuài [kʻuai⁵¹] *yuan*
5. kělè [kʻɤ²¹⁴ lɤ⁵¹] cola
6. sān [san⁵⁵] three

B: Shuǐ, duōshao qián?

A₁: Xiǎojiě, yào mǎi shénme?

A₂: Liǎng kuài.

A₁: Tàitai, yào mǎi shénme?

B: Kělè, duōshao qián?

A₂: Sān kuài.

Lesson 14
Nǐ Qù Nǎr?
(Where are you going?)

TEXT

A: Qù nǎr?　　　　　　　(Where are you going?)
B: Jīchǎng.　　　　　　　(The airport.)
A: Xíng.　　　　　　　　(OK.)
B: Duōshao qián?　　　　(How much is it?)
A: Sìshíwǔ kuài.　　　　(Forty-five *yuan*.)

A: Qù nǎr?　　　　　　　(Where are you going?)
B: Huǒchēzhàn.　　　　　(The railway station.)
A: Xíng.　　　　　　　　(OK.)
B: Duōshao qián?　　　　(How much is it?)
A: Liù kuài.　　　　　　(Six *yuan*)

New Words

1. qù　　[tɕʻy⁵¹]　　　　　　　　　　　go
2. nǎr　　[na²¹⁴ ɚ]　　　　　　　　　where
3. jīchǎng　[tɕi⁵⁵ tʂʻaŋ²¹⁴]　　　　　airport
4. sì　　[sɿ⁵¹]　　　　　　　　　　　four
5. shí　　[ʂɿ³⁵]　　　　　　　　　　ten
6. wǔ　　[u²¹⁴]　　　　　　　　　　five
7. huǒchēzhàn　[xuo²¹⁴ tsʻr⁵⁵ tsan⁵¹]　railway station
8. liù　　[liou⁵¹]　　　　　　　　　　six

jīchǎng

huǒchēzhàn

B₁: Jīchǎng.

A₁: Qù nǎr?

A₂: Xíng.

B₂: Duōshao qián?

A₃: Sìshíwǔ kuài.

B₁: Huǒchēzhàn.

A₁: Qù nǎr?

A₂: Xíng.

B₂: Duōshao qián?

A₃: Liù kuài.

Duōshao qián?

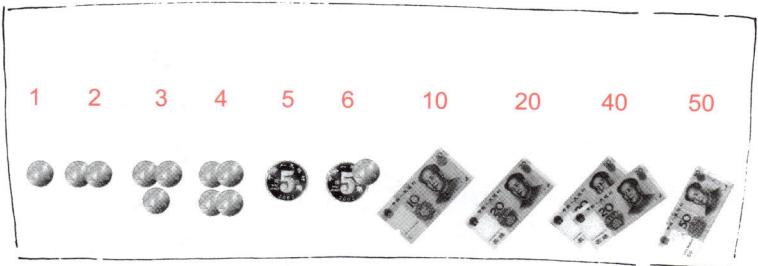

1 2 3 4 5 6 10 20 40 50

Lesson 15
Zhè Shì Kǎoyā
(This is Beijing Roast Duck.)

TEXT

A: Zhè shì shénme?   (What's this?)

B: Zhè shì kǎoyā.   (This is roast duck.)

A: Duōshao qián?   (How much is it?)

B: Qīshíbā kuài jiǔ máo.   (Seventy-eight *yuan* and
                             ninety cents.)

A: Bú guì.   (Not expensive.)

B: Hǎochī ma?   (Is it tasty?)

A: Hǎochī.   (Yes.)

New Words

1. kǎoyā   [k'au²¹⁴ ia⁵⁵]   roast duck
2. qī   [tɕ'i⁵⁵]   seven
3. bā   [pa⁵⁵]   eight
4. jiǔ   [tɕiou²¹⁴]   nine
5. máo   [mau³⁵]   ten cents
6. guì   [kuei⁵¹]   expensive
7. hǎochī   [xau²¹⁴ tʂ'ʅ⁵⁵]   tasty

Lesson 16

Yǒu Shǒujī ma?

(Do you have a mobile phone?)

TEXT

A: Yǒu shǒujī ma?　　(Do you have a mobile phone?)

B: Méiyou.　　　　　(No.)

A: Yǒu shǒujī ma?　　(Do you have a mobile phone?)

C: Yǒu.　　　　　　(Yes.)

A: Shǒujī hàomǎ shì　(What's your mobile phone
　　duōshao?　　　　number?)

C: 137-2450-6789　　(Yāo sān qī-èr sì wǔ líng-
　　　　　　　　　　liù qī bā jiǔ.)

New Words

1. yǒu　[iou²¹⁴]　　　　　have; has
2. shǒujī　[ṣou²¹⁴ tɕi⁵⁵]　mobile phone
3. méi　[mei³⁵]　　　　　no
4. hàomǎ　[xau⁵¹ ma²¹⁴]　number
5. yāo　[iau⁵⁵]　　　　　one
6. èr　[ɚ⁵¹]　　　　　　two
7. líng　[liŋ³⁵]　　　　　zero

Lesson 17
Nǐ Zhù Nǎr?
(Where do you live?)

TEXT

A: Nǐ zhù nǎr?   (Where do you live?)

B: Shànghǎi Bīnguǎn.   (Shanghai Hotel.)

A: Fángjiān hàomǎ shì   (What's your room
   duōshao?   number?)

B: 1105.   (One one zero five.)
   (Yāo yāo líng wǔ.)

A: 1105?   (One one zero five?)
   (Yāo yāo líng wǔ?)

B: Shì de.   (Yes.)

New Words

1. zhù   [tʂu^{51}]   live
2. Shànghǎi   [ʂaŋ^{51} xai^{214}]   Shanghai
3. bīnguǎn   [pin^{55} kuan^{214}]   hotel
4. fángjiān   [faŋ^{35} tɕian^{55}]   room
5. shì de   [ʂʅ^{51} tɤ]   yes

A: Nǐ zhù nǎr?
B: Shànghǎi Bīnguǎn.
A: Fángjiān hàomǎ shì duōshao?
B: 1105.
A: 1105?
B: Shì de.

Lesson 18
Qù Chángchéng Wánr?
(Are you going to visit the Great Wall?)

TEXT

A: Chē!   (Taxi!)

B: Qù nǎr?   (Where are you going?)

A: Qù zhège dìfang.   (Go to this place.)

B: Qù Chángchéng wánr?   (Are you going to visit the Great Wall?)

A: Shì de, duōshao qián?   (Yes, how much?)

B: Yìbǎi kuài!   (One hundred *yuan*.)

New Words

1. Chángchéng   [tʂʻaŋ^{35} tʂʻəŋ^{35}]   the Great Wall
2. wánr   [uan^{35} ɚ]   play
3. chē   [tʂʻɤ^{55}]   car; vehicle
4. dìfang   [ti^{51} faŋ]   place
5. bǎi   [pai^{214}]   hundred

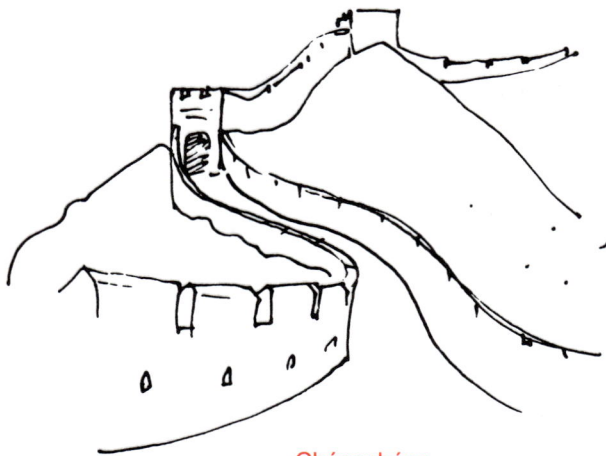

100	yì bǎi
200	eì bǎi
300	sān bǎi
400	sì bǎi
500	wǔ bǎi
600	liù bǎi
700	qī bǎi
800	bā bǎi
900	jiǔ bǎi
1000	yì qiān

Chángchéng

Lesson 19
Diànhuà Zài Nǎr?
(Where is the telephone?)

TEXT

A: Diànhuà zài nǎr?   (Where is the telephone?)
B: Zhèbiān.   (This way.)
C: Diàntī zài nǎr?   (Where is the elevator?)
D: Nàbiān.   (That way.)
E: Cèsuǒ zài nǎr?   (Where is the toilet?)
F: Qiánbiān.   (Ahead.)
G: Chūkǒu zài nǎr?   (Where is the exit?)
H: Hòubiān.   (At the back.)

New Words

1. diànhuà [tian^{51} xua^{51}]   telephone
2. zài [tsai^{51}]   at
3. zhèbiān [tʂɤ^{51} pian^{55}]   this way
4. diàntī [tian^{51} tʻi^{55}]   elevator
5. nàbiān [na^{51} pian^{55}]   that way
6. cèsuǒ [tsʻɤ^{51} suo^{214}]   toilet
7. qiánbiān [tɕʻian^{35} pian^{55}]   ahead
8. chūkǒu [tʂʻu^{55} kʻou^{214}]   exit
9. hòubiān [xou^{51} pian^{55}]   at the back

Lesson 20
Huānyíng Zài Lái Zhōngguó!
(Welcome to China again!)

TEXT

A: Kǎoyā hǎochī ma?   (Is the roast duck tasty?)
B: Hǎochī!   (Yes.)
A: Jīngjù hǎokàn ma?   (Is the Beijing Opera attractive?)
B: Hǎokàn!   (Yes.)
A: Běijīng hǎowánr ma?   (Is Beijing amusing?)
B: Hǎowánr!   (Yes.)
A: Huānyíng zài lái   (Welcome to China again!)
   Zhōngguó!

B: Xièxie!   (Thanks!)
A: Zàijiàn!   (Good-bye!)
B: Zàijiàn!   (Good-bye!)

New Words

1. huānyíng [xuan^{55} iŋ^{35}]   welcome
2. zài [tsai^{51}]   again
3. lái [lai^{35}]   come
4. Zhōngguó [tʂuŋ^{55} kou^{35}]   China
5. Běijīng [pei^{214} tɕiŋ^{55}]   Beijing
6. hǎowánr [xau^{214} uan^{35} ɚ]   amusing; interesting
7. Jīngjù [tɕiŋ^{55} tɕy^{51}]   Beijing Opera
8. hǎokàn [xau^{214} kʻan^{51}]   attractive

图书在版编目（CIP）数据

我也能说汉语/郑国雄，纪晓静著．—上海：上海外语
教育出版社，2008

ISBN 978-7-5446-0844-2

Ⅰ.我… Ⅱ.①郑…②纪… Ⅲ.汉语—口语—对外汉
语教学—教材 Ⅳ.H195.4

中国版本图书馆CIP数据核字（2008）第059542号

出版发行：上海外语教育出版社
　　　　　（上海外国语大学内） 邮编：200083
电　　话：021-65425300（总机）
电子邮箱：bookinfo@sflep.com.cn
网　　址：http://www.sflep.com.cn　http://www.sflep.com
责任编辑：李振荣

印　　刷：上海新华印刷有限公司
经　　销：新华书店上海发行所
开　　本：889×1240　1/32　印张1.5　字数30千字
版　　次：2008年7月第1版　2008年7月第1次印刷
印　　数：5 000 册

书　　号：ISBN 978-7-5446-0844-2 / G・0418
定　　价：15.00元（附MP3光盘）

本版图书如有印装质量问题，可向本社调换

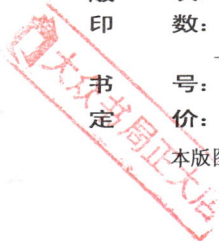

A: Kǎoyā hǎochī ma?

B: Hǎochī!

A: Jīngjù hǎokàn ma?

B: Hǎokàn!

A: Běijīng hǎowánr ma?

B: Hǎowánr!

B1: Xièxie!

A1: Huānyíng zài lái Zhōngguó!

B2: Zàijiàn!

A2: Zàijiàn!